Idee: Emilie Beaumont
Text: Philippe Simon, Marie-Laure Bouet
Illustrationen: Colette Hus-David, Isabelle Rognoni
Übersetzung aus dem Französischen: Claudia Jost
Cover: rincón² Medien GmbH, Köln

© Genehmigte Sonderausgabe für
Tandem Verlag GmbH
Birkenstraße 10, D-14469 Potsdam
Gesamtherstellung: Tandem Verlag GmbH, Potsdam
© Fleurus Éditions, Paris
Titel der französischen Ausgabe: L'imagerie des petits gourmands
Alle Rechte vorbehalten.

ISBN 978-3-8331-9716-1

Entdecken • Erfahren • Erzählen

Essen und Trinken

DIE GESCHICHTE DER ERNÄHRUNG

IN DER URZEIT

Die Menschen ernährten sich von Blättern, Früchten und kleinen Tieren. Sie aßen rohes Fleisch, weil sie noch kein Feuer kannten.

Die wenigen Menschen dieser Zeit fanden immer etwas zu essen. Sie mussten die rohen Speisen vor dem Schlucken jedoch lange kauen.

In der Hitze brach im trockenen Gestrüpp oft Feuer aus. Dabei verbrannten einige Tiere. Die Menschen probierten das gebratene Fleisch und mochten diesen bisher unbekannten Geschmack auf Anhieb. Auf diese Weise könnten unsere Vorfahren die Vorteile des Feuers erkannt haben.

DER VORTEIL DES FEUERS

Jetzt konnten die Menschen auch Tiere essen, die roh ungenießbar waren. Sie bereiteten ihr Essen auf verschiedene Weise zu.

Kochen mit Wasser: Die Speisen wurden in einem Ledersack mit Wasser zubereitet, das zuvor mit glühend heißen Steinen erhitzt wurde.

Der Spieß: Ein Stück Fleisch wurde über dem offenen Feuer am Spieß gedreht.

Die Wickelmethode: Der Fisch wurde in Blätter eingewickelt und mit heißer Asche bedeckt.

Männer, Frauen und Kinder versammelten sich um das Feuer und aßen, was jeder von ihnen mitgebracht hatte.

Nachdem die Menschen wussten, wie man Fleisch kochen und braten konnte, jagten sie auch größere Tiere wie Mammuts oder Nashörner.

DIE ERSTEN BAUERN

Vor mehr als 10 000 Jahren pflanzten die Menschen Weizen, Gerste, Erbsen und Linsen an. Das war der Beginn der Landwirtschaft.

Wenn die Weizenähren reif waren, schnitten die Bauern sie ab. Die gesammelten Körner lagerten sie gut geschützt in einem Kornspeicher.

Die ersten Bauern zerrieben die Körner noch zwischen zwei Steinen. Aus dem gewonnenen Mehl bereiteten sie einen Brei zu und backten in Steinöfen Fladen und Brote daraus. Diese wurden ganz flach und fest, weil die Menschen noch keine Hefe kannten.

Die Menschen fingen Tiere,
die sie als Schlachtvieh hielten. Ziegen, Schafe
und Schweine waren die ersten Haustiere.

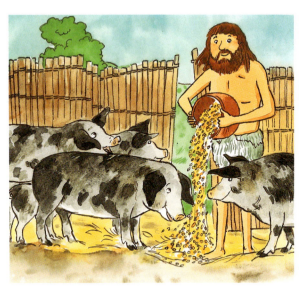

Die Tiere mussten sich nicht mehr auf Nahrungssuche begeben. Sie wurden schwerer und ihr Fleisch zarter.

Aus der Ziegenmilch konnte man Käse herstellen. Die Ernährung wurde abwechslungsreicher.

Zusätzlich zu Harpunen und Angeln verwendeten die Fischer nun auch Reusen.

Um das Fleisch und den Fisch haltbar zu machen, wurden sie getrocknet, geräuchert oder in Salz eingelegt.

ZU TISCH BEI DEN ÄGYPTERN

Schon vor mehr als 4000 Jahren kannten die Ägypter zahlreiche Brotsorten, zum Beispiel mit Honig, Rosinen oder Datteln.

Sie brauten Bier und kelterten Wein, die sie in Tonkrügen aufbewahrten.

Jede Familie backte ihr eigenes Brot in einer Form aus Ton.

Die Bauern waren sehr arm. Ihre drei Mahlzeiten am Tag bestanden aus Zwiebeln und Salat, Milch, einigen Früchten, wie zum Beispiel Datteln, und viel Brot. Fisch und Fleisch gab es nur selten. Sie tranken Bier und aßen aus einer Schüssel aus Holz oder Ton.

ZU TISCH BEI DEN RÖMERN

Vor 2000 Jahren ließen die Römer aus ihren Provinzen die unterschiedlichsten Nahrungsmittel kommen: Austern, Strauße, Wein ...

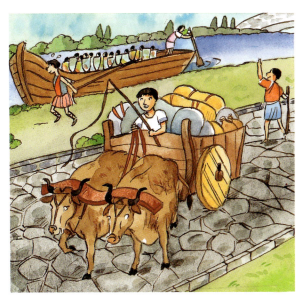

Auf den gepflasterten Straßen konnten die Waren schnell transportiert werden. In Rom wurden die Lebensmittel in kleinen Läden verkauft.

Die reichen Römer liebten große Feste. Beim Essen machten sie es sich auf Liegen bequem. Die Mahlzeiten dauerten Stunden. In der Küche verbrachten Sklaven viel Zeit damit, die unterschiedlichsten und raffiniertesten Speisen zuzubereiten: gekochtes Straußenfleisch, Siebenschläfer mit Honig, gegrillter Bär ...

IM MITTELALTER

Im Mittelalter kam ein neues Gericht auf: die Suppe. Sie wurde stundenlang über dem offenen Kaminfeuer gekocht.

Suppe war das Hauptgericht der Bauern. Sie wurde mit Gemüse (Kohl, Lauch) sowie Speck und gesalzenem Schweinefleisch zubereitet. Käse, Früchte, Fladen und Brot vervollständigten den Speiseplan. Manchmal gab es auch getrockneten Fisch oder kleine Wildtiere wie Hasen und Vögel.

Im Mittelalter entwickelten sich die Städte und wurden immer größer. Die Händler verkauften ihre Waren auf den Märkten. Lange Zeit befanden sich die Verkaufsstände der Fleischer wegen des Geruchs außerhalb der Stadtmauern.

Bei einem Festbankett ließ der Burgherr oft mehr als 30 Speisen auftragen: Fisch, Rind, Schwein, Schaf, Pfau, Reiher, Schwan… Vor dem Servieren wurden die Vögel wieder mit ihrem Federkleid bedeckt.

In der großen Burgküche wurden die Speisen mit vielen Kräutern, Essig und Senf schmackhaft zubereitet.

Es gab noch keine Teller. Das Fleisch wurde auf ein Stück Brot gelegt. Es war üblich, dass jeder Gast sein eigenes Messer mitbrachte.

Im Mittelalter kam der Rohrzucker nach Europa. Italienische Händler brachten ihn aus Indien mit. Weil er weiß war und zwischen den Zähnen knirschte, wurde er auch „Indisches Salz" genannt.

Der Zucker wurde in Handelskarawanen transportiert. Er war sehr teuer und die Köche benutzten ihn sehr sparsam.

Die Apotheker verwendeten den Zucker zur Herstellung von Arzneien.

Vor dem Zu-Bett-Gehen aßen die Adligen Nüsse, die zuvor in Zucker geröstet wurden. Die Kinder am Hof des französischen Königs Heinrich IV. sagten dabei immer: „Bon, bon!", auf Deutsch: „Gut, gut!". Daher kommt das Wort Bonbon.

NEUE NAHRUNGSMITTEL WERDEN ENTDECKT

Vor etwa 500 Jahren überquerten europäische Entdecker die großen Ozeane. Von ihren Reisen brachten sie unbekannte Nahrungsmittel mit.

Christoph Kolumbus wollte von Europa nach Indien segeln. Stattdessen landete er auf einem bis dahin unbekannten Kontinent: Amerika. Von dort brachte er Tomaten, Mais und Truthühner mit, bei uns besser bekannt als Puten.

In Mexiko wurden die Kakaobohnen entdeckt, aus denen man Schokolade herstellen kann. Die Entdecker lernten auch eine neue Frucht kennen: die Ananas. Da sie zu schnell verdarb, konnten sie die Ananas aber nicht nach Europa mitbringen.

NEUE ANPFLANZUNGEN ÜBERALL AUF DER WELT

In den neu entdeckten Ländern bauten die Europäer Zuckerrohr und Kaffee an. Dadurch wurden diese Produkte immer erschwinglicher.

Von Afrika brachte man Sklaven nach Amerika, wo diese auf den Zuckerrohrplantagen arbeiten mussten.

Bananenstauden stammen ursprünglich aus China. Die Portugiesen pflanzten sie in Afrika und in Südamerika an.

Die Spanier pflanzten in Amerika Orangenbäume an. Ursprünglich stammen Orangen aus China.

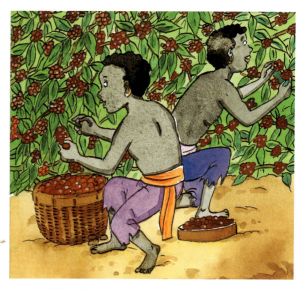

Die Franzosen und Holländer brachten den Kaffeestrauch aus Arabien nach Amerika und Asien.

DIE KARTOFFEL SETZT SICH DURCH

Die Kartoffel ist heute ein Grundnahrungsmittel. Doch bis ins 18. Jahrhundert galt sie in Europa als gerade gut genug für Tiere.

1524 landeten die Spanier an den Küsten Perus und entdeckten die Kartoffel, die von den Indios seit langem angebaut wurde. Sie brachten sie nach Spanien, von wo aus sie sich erst allmählich über ganz Europa verbreitete.

Zur Zeit König Ludwigs XVI. von Frankreich ließ der Apotheker Antoine Parmentier mitten in Paris ein Kartoffelfeld anpflanzen und von Soldaten bewachen. Die Leute glaubten, es handele sich um eine sehr wertvolle Pflanze, und stahlen sie. Sie kochten und probierten die Kartoffel – und pflanzten sie schließlich selbst an.

KONSERVEN

Vor rund 200 Jahren entdeckte man, dass Lebensmittel durch Hitze haltbar gemacht werden können, wenn man sie luftdicht verschließt.

Der französische Konditor Nicolas Appert hatte die Idee, Gemüse in Flaschen zu füllen, die er gut verschloss und mehrere Minuten in kochendes Wasser eintauchte. Die Bakterien wurden durch das Erhitzen abgetötet und der Inhalt blieb lange haltbar.

In den ersten Konservenfabriken wurde Fisch verarbeitet, zunächst vorwiegend Sardinen und Makrelen. In den Fabriken, die in der Nähe der Häfen entstanden, arbeiteten vor allem die Frauen der Fischer.

FORTSCHRITTE IN DER LANDWIRTSCHAFT

Im 19. Jahrhundert wuchsen die Städte rasch an. Um die Städte zu versorgen, musste die Landwirtschaft leistungsfähiger werden.

In den Städten wurden große Märkte abgehalten. Jeden Morgen wurden auf Karren und mit Zügen Lebensmittel aus allen Regionen des Landes angeliefert: Fleisch, Fisch, Gemüse, Früchte, Milch, Käse…

Die verbesserten Pflüge zogen tiefe Furchen in den Boden. Dadurch konnten die Saatkörner gut verteilt werden. Wissenschaftler suchten die besten Pflanzen aus, sodass die Ernten im Laufe der Zeit immer ertragreicher wurden.

DIE LANDWIRTSCHAFT HEUTE

Im 20. Jahrhundert hat die Landwirtschaft riesige Fortschritte gemacht. Immer mehr Lebensmittel werden produziert und preiswerter verkauft.

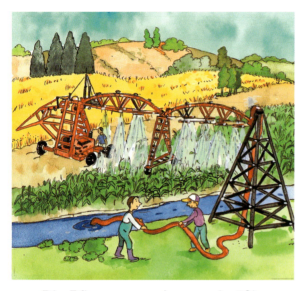

Die Pflanzen werden regelmäßig gewässert und gedüngt, damit sie besser wachsen.

Wissenschaftler wählen das beste Saatgut aus, aus dem große, kräftige und lange haltbare Früchte wachsen.

Bei der Ernte übernehmen zunehmend Maschinen die Arbeit des Menschen.

In geheizten Gewächshäusern wird das ganze Jahr über angepflanzt, sogar im Winter.

MASSENTIERHALTUNG

Hühner, Schweine und Kälber werden in riesigen Ställen gehalten. Man wählt immer die Tiere zur Fortpflanzung aus, die am schnellsten wachsen.

Die Bauern beobachten genau das Wachstum ihrer Kühe. Jede Kuh hat ein eigenes Gesundheitsheft.

Die Schweine werden mit Weizen-, Mais-, Gersten- oder Sojamehl gefüttert, das zuvor mit Wasser vermischt wurde.

Diese Hühner verbringen ihr ganzes Leben in Käfigen, den so genannten Legebatterien. Viele Menschen sind gegen diese Art der Tierhaltung, weil die Tiere sich kaum bewegen können.

FERTIGGERICHTE

In den Geschäften werden immer mehr Fertiggerichte angeboten. Kartoffelbrei gibt es als Pulver, der Salat ist bereits geputzt …

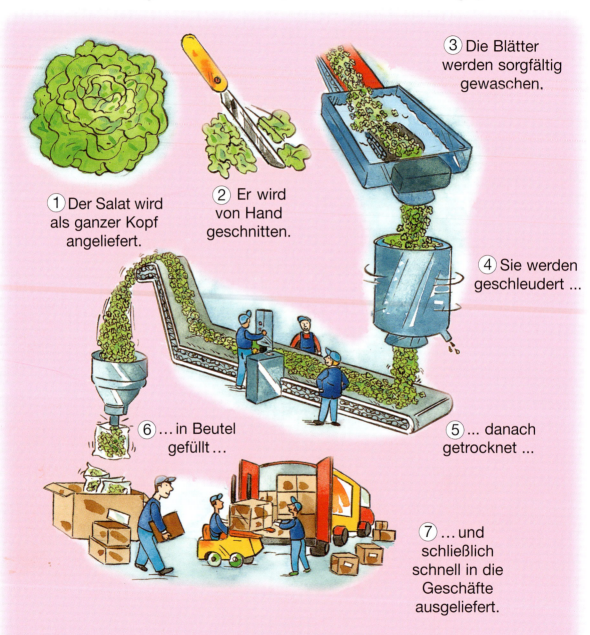

① Der Salat wird als ganzer Kopf angeliefert.

② Er wird von Hand geschnitten.

③ Die Blätter werden sorgfältig gewaschen.

④ Sie werden geschleudert …

⑤ … danach getrocknet …

⑥ … in Beutel gefüllt …

⑦ … und schließlich schnell in die Geschäfte ausgeliefert.

Dieser Salat ist im Kühlschrank mehrere Tage haltbar. Anstelle von Luft wird ein spezielles Gas in den Beutel gepumpt, durch das der Salat nicht so schnell verdirbt.

Tiefgefrorene Fertiggerichte wie zum Beispiel ein Kartoffelbrei-Hackfleisch-Auflauf werden in der Tiefkühltruhe aufbewahrt. Sie können in wenigen Minuten zubereitet werden.

In diesem großen Topf wird der Kartoffelbrei zubereitet.

Gleichzeitig wird das Fleisch zusammen mit der Tomatensoße vermengt.

Der Kartoffelbrei und das Fleisch fallen automatisch in die Backschalen.

In dieser „Gefrierstraße" wird der Auflauf tiefgefroren.

Die Backschalen werden in große Tiefkühlräume gebracht.

In speziellen Tiefkühllastern transportiert man sie zu den Geschäften.

Die Packungen werden in die Gefriertruhen der Geschäfte eingeräumt.

Wenn der Auflauf nicht sofort verzehrt wird, muss man ihn zu Hause in das Gefrierfach legen.

Zum Auftauen wird der Auflauf mit Schale in die Mikrowelle geschoben.

SUPERMÄRKTE

Immer mehr kleine Geschäfte werden durch Supermärkte verdrängt. Dort findet der Kunde alles, was er braucht. Man bedient sich selbst.

Jeden Morgen werden die Waren in großen LKWs an die Supermärkte geliefert. Die Angestellten räumen die Waren ein, bevor der Supermarkt öffnet.

Das Fleisch ist fertig portioniert und bereits verpackt.

Kannst du erkennen, welche Bananen schon reif sind?

LEBENSMITTEL

WEIZEN, UNSER WICHTIGSTES GETREIDE

Der Weizen ist eine Getreidepflanze. Aus Weizenmehl werden Brot und Kuchen gebacken und Nudeln hergestellt.

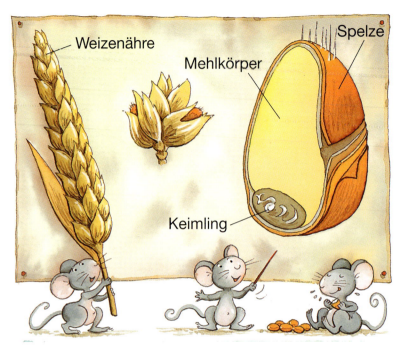

Das Korn enthält zwei sehr nahrhafte Teile: den Mehlkörper und den Keimling. Aus dem Keimling entsteht eine neue Pflanze. Das Korn wird von sehr widerstandsfähigen Schalenschichten geschützt, die sich unter der Spelze befinden. Sie bilden die Kleie, die im Vollkornbrot mit verarbeitet wird.

Weizen wird im Herbst gesät und sprießt im Frühjahr. Im Juli und August sind die Körner reif. Dann wird der Weizen geerntet.

Weizen wird nur einmal im Jahr geerntet. Er muss getrocknet und gut geschützt gelagert werden, damit er nicht schimmelt. So gibt es auch im Winter genügend Mehl und Brot.

Die Weizenkörner werden in großen Speichern gelagert, die man Silos nennt. Vor dem Abladen wird der Anhänger mit dem Weizen gewogen.

Die Weizenkörner fallen in einen Getreidebunker und laufen durch eine Trocknungsanlage. Nur so können sie monatelang gelagert werden.

Um aus dem Weizen Mehl zu machen, muss das Korn gemahlen werden. Früher geschah dies in kleinen Wind- oder Wassermühlen, heute stehen große Industriemühlen zur Verfügung.

① In den Mühlen wird das Korn von kleinen Steinen, Körnern anderer Pflanzen und Strohhalmen gereinigt.

③ Die Körner laufen zwischen mehreren schweren Rollen, die sie immer feiner zermahlen.

② Die Körner werden angefeuchtet. Dann lässt man sie ein bis zwei Tage ruhen. Auf diese Weise lassen sich die Spelzen leichter entfernen.

④ Das Mehl wird gesiebt: Es rieselt durch mehrere Gitter mit immer feineren Maschen. Dabei werden die Spelzen ausgesondert.

Die Mehle werden in verschiedene Typen eingeteilt: Aus den feinsten Mehltypen wird Kuchen gebacken.

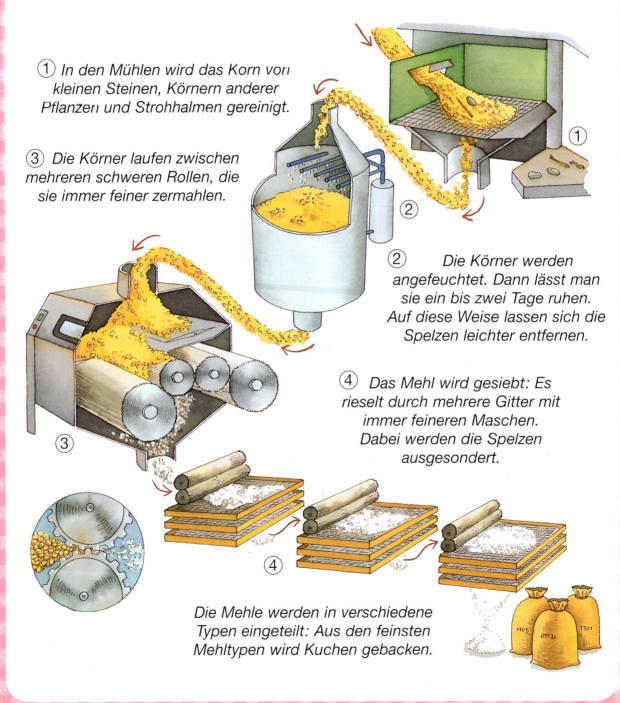

DER BÄCKER BACKT DAS BROT

Es dauert lange, bis ein Brot fertig gebacken ist. Der Bäcker beginnt mitten in der Nacht, damit die Brote fertig sind, wenn wir aufstehen.

In der Knetmaschine wird das Mehl mit Wasser, Salz und Hefe so lange verrührt, bis der Teig geschmeidig ist.

Danach lässt der Bäcker den Teig einige Stunden lang ruhen. In dieser Zeit treibt die Hefe. Dabei entstehen kleine Luftbläschen und der Teig geht auf. Wenn der Teig aufgegangen ist, teilt der Bäcker ihn in einzelne Portionen. Deren Gewicht richtet sich nach der Brotsorte, die er damit zubereiten will.

Während die Teigstücke weiter aufgehen, wird der Backofen auf 250 °C vorgeheizt. Dann schiebt der Bäcker die Brote zum Backen hinein.

Zuvor ritzt der Bäcker bei einigen Sorten das Brot noch mit einer scharfen Klinge ein, damit die Kruste sich öffnet ohne zu reißen.

Hm! Welch herrlicher Duft weht durch die Backstube! Die Brote sind noch ganz warm und schön aufgegangen. Die Kruste ist knusprig und goldbraun. Die Brotkrume ist ganz weich, denn unter der Hitzeeinwirkung sind die Gasbläschen groß geworden und haben Löcher in den Teig gerissen.

VERSCHIEDENE BROTSORTEN

Es gibt hunderte von Brotsorten. Aber nicht alle werden aus Weizenmehl hergestellt. Viele werden mit Roggenmehl gebacken.

① Beim Vollkornbrot wird der ganze Keimling mit der Kleie verarbeitet. Daher auch der Name des Brotes.

② Der Matzen ist ein ungesäuertes, ganz flaches Brot, das keine Hefe enthält. Juden essen es am Passahfest.

③ Im Toastbrot sind Zucker und Milch enthalten.

Der Bäcker kann dem Brot alle möglichen Formen geben. Er backt große und kleine Laibe, lange und dünne Stangen oder auch Kränze. Für einige Sorten fügt er Gewürze, Speck und andere Zutaten hinzu.

NUDELN

Egal, wie sie heißen oder welche Form sie haben: Die meisten Nudeln werden aus Hartweizengrieß oder Weizenmehl hergestellt.

Unter Beigabe von Wasser und Salz wird der Nudelteig gemischt. Manchmal werden noch Eier beigemengt. Dann presst man den Teig durch eine Maschine, die ihm die gewünschte Form gibt. Es gibt über 500 verschiedene Nudelsorten!

Damit sie länger haltbar bleiben, werden die Nudeln erst getrocknet und anschließend verpackt.

Grüne Nudeln erhalten ihre Farbe durch Spinat, rote durch Tomaten und schwarze durch die Tinte des Tintenfischs!

VIELE REZEPTE

Zahlreiche Speisen enthalten Weizenmehl oder Weizengrieß. Hier siehst du eine kleine Auswahl.

In arabischen Ländern wird viel Couscous gegessen. Couscous bereitet man aus Hartweizengrieß zu.

Pfannkuchenteig wird aus Weizenmehl, Eiern und Milch gemacht.

Kekse, Kuchen, Zwieback, Schokoladencroissants, Honigkuchen, Buttercroissants, Biskuitböden, Brötchen, Mürbeteiggebäck, Waffeln: All diese Köstlichkeiten enthalten Weizenmehl.

REIS, DAS GETREIDE AUS ASIEN

Zum Wachsen braucht der Reis Wärme und Wasser. Der Anbau von Hand ist mühsam, denn man steht nach unten gebeugt im Wasser.

Die Bauern legen Terrassenfelder an. Kleine Mauern halten das Wasser und die Erde zurück.

Wenn die Reiskörner ausgetrieben haben, werden die jungen Pflänzchen bündelweise ausgerissen.

Die Setzlinge werden in einem bestimmten Abstand zueinander wieder im Wasser eingepflanzt.

Wenn die Reiskörner reif sind, wird das Wasser aus dem Reisfeld abgelassen. Die Ernte beginnt.

Reis wird aber auch in Europa und Amerika angebaut. Die Bauern setzen Maschinen ein, die die Arbeit erleichtern. Die geernteten Reiskörner werden verarbeitet und in Fabriken in Packungen abgefüllt.

Die Amerikaner pflanzen den Reis nicht mehr einzeln, sie säen schon gekeimte Reiskörner mit dem Flugzeug aus.

Mit riesigen Mähdreschern wird der Reis geerntet. Sie trennen zugleich die Körner von den Rispen.

① Im Gegensatz zum geschälten Reis ist der Vollkornreis braun, denn er behält seine Schale.

② Geschälter Reis hat keine Schale mehr. Um sie zu entfernen, wird der Reis in eine Maschine gefüllt, die ein Produkt auf der Basis von Talk und Zucker enthält.

Reis wird in Wasser oder Dampf gegart und zu Fleisch oder Fisch serviert. Als Nachspeise wird er in Milch zubereitet und mit Zucker abgeschmeckt.

Der Rundreis klebt nach dem Kochen. Deshalb kann man ihn ganz leicht mit Stäbchen essen.

Reiskuchen wird auf kleiner Flamme gekocht, damit er nicht anbrennt. Mit Vanillesoße schmeckt er besonders gut.

In der Paella hat der Reis eine goldgelbe Farbe, weil man Safran hinzufügt.

Chinesische Glasnudeln werden aus Reismehl hergestellt.

Für Risotto werden große Reiskörner bissfest gekocht.

MAIS, DAS GETREIDE DER INDIOS

Christoph Kolumbus brachte den Mais von Amerika nach Europa. Mais war ein Grundnahrungsmittel der Indios.

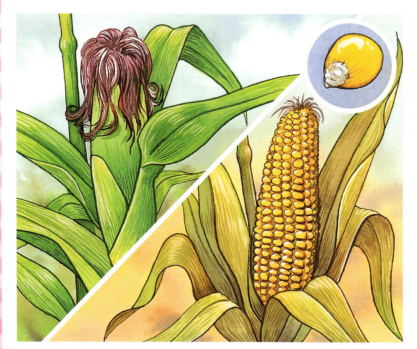

Auf der Spitze des langen Stängels sitzen die männlichen Blüten, die Rispen. Aus ihnen fallen die Pollenkörner auf die langen Griffel der weiblichen Blüten, die aussehen wie seidige Fäden. Nach der Befruchtung entwickeln sich diese zu Kolben. Jeder Kolben enthält 750 bis 1000 Körner.

Im Herbst ist der Mais reif. Die großen Erntemaschinen schneiden die Kolben ab, die der Bauer an der Luft trocknen lässt. Die verdorrten Stängel werden als Stroh für das Vieh verwendet.

Es gibt zahlreiche Maissorten. Einige werden nur als Viehfutter verwendet. Die runden Maiskörner haben einen süßlichen Geschmack. Sie werden gekocht oder roh mit etwas Essigsoße gegessen.

Für Popcorn lässt man die Körner in einem heißen Topf platzen. Dabei knallen sie ein wenig.

Maiskörner werden oft in Konserven verkauft.

Durch Auspressen der fetthaltigen Keime wird Maisöl gewonnen.

Whisky wird in Schottland aus Gerste und Weizen gebrannt, in Nordamerika aus Roggen oder Mais.

In Amerika isst man gern gegrillte Maiskolben. Bereits die Indianer steckten die Maiskolben zum Erhitzen in den heißen Sand.

In Italien wird aus Maisgrieß Polenta gemacht. Sie wird entweder heiß als Getreidespeise oder kalt wie eine Scheibe Brot gegessen.

ANDERE GETREIDEARTEN

Es gibt zahlreiche andere Getreidearten. Einige von ihnen ernähren nicht nur die Menschen, sondern werden auch an das Vieh verfüttert.

Hirse wächst in Afrika. Diese Frau zerstößt die Körner, um daraus Mehl zu machen.

Aus Buchweizenmehl werden herzhafte Pfannkuchen gebacken.

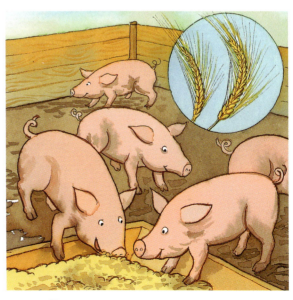

Hafer schmeckt entweder in Form von Flocken oder gekocht als Haferschleim. Gerste wird als Mehl an die Schweine verfüttert.

MILCH

Milch ist die erste Nahrung von Säugetieren.
Sie enthält alle Nährstoffe, die für die Entwicklung wichtig sind.

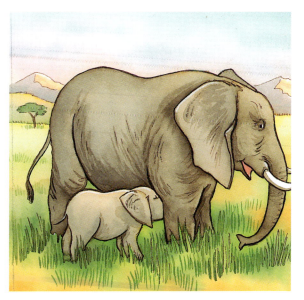 

Ob Elefanten, Affen, Kühe: Sobald ihre Jungen zur Welt kommen, produzieren alle Säugetierweibchen Milch.

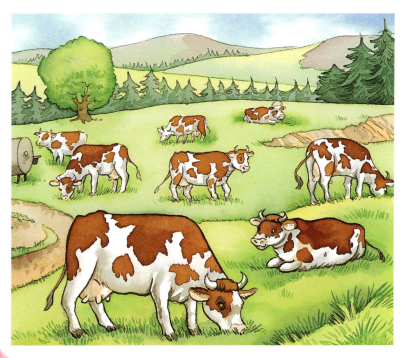

Auf allen Kontinenten werden Kühe wegen ihrer Milch gehalten. Jeden Tag gibt eine Kuh gut 30 l Milch. Dafür muss sie zwischen 60 und 80 kg Gras fressen. Sie braucht auch viel Wasser: zwischen 80 und 100 l.

Sobald die Kuh das erste Mal ein Kalb geboren hat, füllt sich ihr Euter mit Milch. Sie wird ab jetzt jeden Morgen und jeden Abend um die gleiche Zeit gemolken.

Die Melkmaschine saugt die Milch aus dem Euter der Kuh.

Die Milch wird in Tankwagen zur Molkerei gebracht.

Frische Milch ist nur begrenzt haltbar, weil sie Bakterien enthält, die sich schnell vermehren und die Milch sauer werden lassen. In der Molkerei wird die Milch pasteurisiert: Sie wird auf eine sehr hohe Temperatur erhitzt, damit die Bakterien abgetötet werden. Danach wird die Milch in Flaschen abgefüllt.

RAHM UND BUTTER

Der fetthaltige Anteil der Milch wird Rahm genannt. Damit die Milch gut verdaulich ist, wird ein Teil des Rahms entfernt.

Vollmilch schmeckt gut, aber sie ist sehr fett, weil sie noch den ganzen Rahm enthält. Halbentrahmte Milch ist kalorienärmer. Entrahmte Milch enthält keinen Rahm mehr. Sie ist besonders für Menschen geeignet, die auf ihr Gewicht achten müssen.

Der Rahm ist leicht. Lässt man Frischmilch stehen, steigt der Rahm an die Oberfläche. Man schöpft ihn ab, um damit Kuchen zu backen. In den Molkereien trennt eine Zentrifuge – eine sich schnell drehende Maschine – den Rahm von der Milch.

Butter wird aus Rahm gemacht. Dafür wird der Rahm mehrere Minuten lang geschlagen, bis er ganz fest ist. Um 1 kg Butter herzustellen, braucht man den Rahm von rund 20 l Milch.

Beim Schlagen des Rahms bilden sich fetthaltige Teilchen, die aneinander kleben. Dabei bleibt Buttermilch übrig. Früher wurde die Butter in hölzernen Butterfässern hergestellt. Um sie länger haltbar zu machen, wurde sie gesalzen.

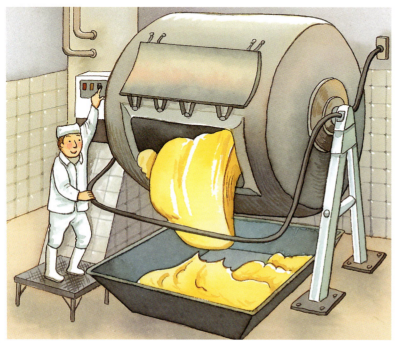

Heute drehen sich die Maschinen automatisch. Die Butter wird gleich verpackt und kühl gelagert, bevor sie in die Geschäfte ausgeliefert wird.

QUARK

Milch ist flüssig. Aber Milch kann auch als Quark gegessen werden. Quark entsteht, wenn die Milch gerinnt. Dies ist ein ganz natürlicher Vorgang.

Wenn man die Milch außerhalb des Kühlschranks stehen lässt, gerinnt sie und dickt ein. Schüttet man sie in ein Leinentuch und lässt sie abtropfen, erhält man Quark.

Damit die Milch in der Molkerei schneller gerinnt, werden Sauermilchbakterien und Lab hinzugefügt. Lab ist eine Flüssigkeit aus dem Magen der Kälber. Wenn die Milch geronnen ist, füllt man die Masse in gelochte Formen, damit die Molke abfließen kann. Übrig bleibt ein Frischkäse: der Quark.

JOGURT

Jogurt wird aus geronnener Milch hergestellt, in der sich Bakterien entwickeln. Sie geben ihm seinen leicht säuerlichen Geschmack.

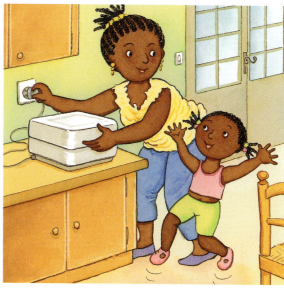

In einem Jogurtbereiter kann man selbst Jogurt herstellen. Man setzt der Milch Milchsäurebakterien hinzu und hält sie eine Zeit lang warm.

Jogurt ist gesund. Man kann ihn pur, mit Zucker, mit pürierten oder klein geschnittenen Früchten essen. Auch mit Konfitüre schmeckt er gut.

ROHMILCH-CAMEMBERT

In der französischen Normandie wird ein Rohmilch-Camembert aus Kuhmilch hergestellt. Für einen Käse braucht man über 2 l Milch.

Die geronnene Milch wird in eine Form gefüllt. Die Wände der Form sind gelocht, damit die Molke abfließen kann.

Der Käse wird aus der Form genommen und mit Salz bestreut. Auf diese Weise bekommt er eine schöne Rinde.

Der Käse bleibt zwei bis sechs Wochen lang in einem Gärraum. In dieser Zeit wird er oft gedreht. Der Teig im Inneren des Camemberts wird ganz weich und erhält seinen typischen Geschmack.

EMMENTALER – EIN HARTKÄSE

Die riesigen Käselaibe des Emmentalers wiegen 80 kg. Dieser Hartkäse wird aus Kuhmilch hergestellt und kommt aus der Schweiz.

② Die Milch wird in einen großen Kupferkessel geschüttet.

① Für den Emmentaler wird nur Milch von bester Qualität verwendet.

③ Jetzt werden Milchsäurebakterien und Lab hinzugesetzt.

④ Die Milch gerinnt. Die Masse wird mit einer Käseharfe gebrochen und dann erhitzt.

⑤ Die geronnene Milch wird in Formen gefüllt. Die Molke fließt ab.

⑥ Im Anschluss wird die abgetropfte Masse gepresst. So erhält sie ihre runde Form.

⑧ Dann werden die Laibe in Regale gelegt. Mit der Zeit bekommen sie eine goldgelbe Farbe. Nun werden sie in den Reifekeller gebracht.

⑦ Die Laibe werden einige Stunden in Salzwasser eingelegt.

KÄSESORTEN

Je nach Sorte werden bei der Käseherstellung verschiedene Milchsorten verwendet. Welchem Tier verdanken wir welchen Käse?

Roquefort
Angeblich hat ein Hirte ihn per Zufall erfunden, als er ein Stück Käse in einer Höhle vergaß. Als er es wiederfand, war der Käse schimmelig und hatte dadurch seinen speziellen Geschmack erhalten.

Mozzarella
Dieser Käse kommt aus Italien. Er wird in Scheiben oft auf die Pizza gelegt.

Ziegenkäse
Es gibt alle möglichen Arten von Ziegenkäse. Sie werden frisch oder sehr trocken gegessen.

Edamer
Früher wurde dieser holländische Käse in Fässern transportiert, in denen zuvor Wein gelagert war. Dadurch erhielt er seine schöne rote Farbe.

Ziege

Kuh

Büffelkuh

Schaf

Roquefort: Schaf – *Mozzarella:* Büffelkuh – *Ziegenkäse:* Ziege – *Edamer:* Kuh

GEMÜSE

Gemüse ist reich an Mineralstoffen, die man braucht, um gesund zu bleiben. Weißt du, welchen Teil der Pflanze man isst?

Karotten　　　Radieschen　　　Mairüben

Wurzelgemüse: Von einigen Pflanzen essen wir die unterirdisch wachsenden Teile. Sie haben die Form von Kugeln oder lang gezogenen Kegeln. Sie enthalten die Nahrungsreserven, die die Pflanze speichert.

Auch die Zwiebeln enthalten Nahrungsreserven, die die Pflanze unter der Erde anlegt. Diese Gemüsesorten sind in der Regel sehr scharf. Man würzt damit verschiedene Speisen.

Zwiebelgemüse: Zwiebeln und Schalotten enthalten eine Substanz, die in den Augen brennt, wenn man sie schält. Trotz seiner Form gehört der Lauch zur gleichen Familie wie die Zwiebeln und Schalotten.

Blütengemüse: Von den Artischocken isst man nur den Boden und das fleischige Ende der Blätter. Die runden, weißen Blütenknospen des Blumenkohls werden roh oder gekocht gegessen.

FRUCHTGEMÜSE

Als Fruchtgemüse werden die essbaren Teile einer Pflanze bezeichnet, die sich aus den befruchteten Blüten entwickeln.

HÜLSENFRÜCHTE

Die Samen von Hülsenfrüchten befinden sich in einer Hülse oder Schote, die aufplatzt, wenn sie reif sind. Die Samen fallen zu Boden und es entsteht ein Keimling, aus dem eine neue Pflanze wächst.

Kichererbsen

Mais

dicke Bohnen

weiße Bohnen

Erbsen

Linsen

grüne Bohnen

Alle diese Gemüse sind Samen. Trockene Bohnen und Linsen halten sich problemlos über Winter. Grüne Bohnen muss man allerdings entweder einfrieren oder einwecken.

BLATTGEMÜSE

Blattgemüse sind im Allgemeinen grün. Wir essen ihre Blätter am liebsten dann, wenn sie noch ganz zart sind.

Rucola   *Spinat*   *Kresse*   *Chicorée*

Kopfsalat   *Römischer Salat*   *Eissalat*   *Kohl*

Mangold

Staudensellerie   *Fenchel*   *Spargel*

STIELGEMÜSE

Die dicht aneinander sitzenden Stängel des Fenchels schmecken angenehm nach Anis. Die Spargelstangen wachsen unter der Erde. Der Staudensellerie schmeckt roh oder auch in der Suppe. Mangold ist besonders lecker, wenn er mit weißer Soße und Greyerzer Käse überbacken wird.

KARTOFFELN

Die Kartoffel ist ein Grundnahrungsmittel. Es gibt zahlreiche Sorten. Die einen sind eher mehlig, die anderen eher fest kochend.

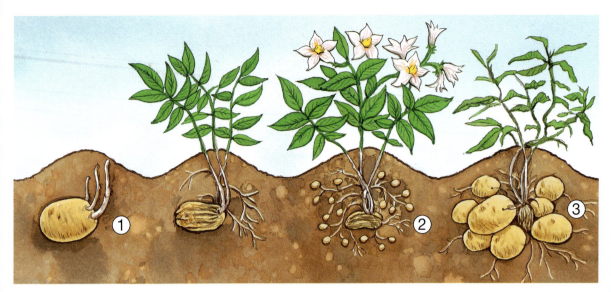

Wenn die Kartoffel im Frühling keimt, wird sie eingepflanzt (1). Bald darauf wachsen die ersten Triebe aus der Erde. Nach wenigen Wochen blüht die Kartoffelpflanze üppig weiß (2). Die Knollen unter der Erde werden immer dicker (3).

Diese Erntemaschine transportiert die Kartoffeln auf einem Förderband zu einem Aufzug. Oben angekommen, werden die Kartoffeln sortiert. Die guten Kartoffeln fallen in einen daneben stehenden Anhänger.

REZEPT FÜR FOLIENKARTOFFELN
(Bitte einen Erwachsenen um Hilfe!)

① Wasche die Kartoffeln.

② Dann wickelst du sie einzeln in ein Stück Alufolie ein.

③ Schütze deine Hände mit dicken Topfhandschuhen.

④ Jetzt schiebst du die Kartoffeln in die heiße Glut. Gib Acht, dass sie nicht verkohlen.

⑤ Nun nimmst du sie vorsichtig aus der Glut.

⑥ Serviere sie mit Kräuter-Crème fraîche.

Wenn ihr zu Hause keinen Kamin habt, kannst du die Folienkartoffeln natürlich auch im Backofen zubereiten. Weil dein Körper rohe Kartoffeln nicht verdauen kann, müssen sie immer gut durchgegart sein. Dann schmecken sie auch richtig gut!

PILZE

Pilze haben weder Wurzeln noch Blätter, weder Blüten noch Früchte oder Kerne. Einige von ihnen sind giftig.

Champignons sind beliebte Speisepilze. Sie gedeihen lichtgeschützt in Kellern oder Höhlen auf einer Mischung aus Pferdemist und Stroh.

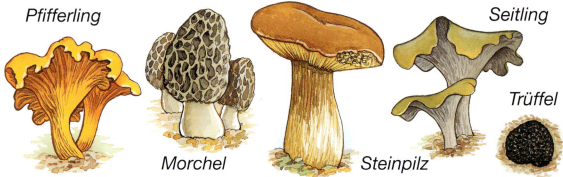

Pfifferling *Morchel* *Steinpilz* *Seitling* *Trüffel*

Auch diese Pilze sind essbar. Trüffel wachsen unterirdisch. Speziell abgerichtete Schweine und Hunde können sie dort aufspüren.

EIER

Von allen Vögeln legen Hühner die meisten Eier: fast jeden Tag eins. Weil man ihnen die Eier wegnimmt, produzieren sie ständig neue.

Auf dem Bauernhof laufen die Hühner im Hof herum. Abends kommen sie in den Hühnerstall zurück, um Eier zu legen und zu schlafen.

Die Bauern verkaufen die Eier ihrer Hühner auf den Wochenmärkten.

Nur wenn es wirklich ganz frisch ist, kann man ein rohes Ei austrinken.

Eier sind sehr nahrhaft. Sie lassen sich auf verschiedene Arten zubereiten. Aber die Eier sollten in jedem Fall frisch sein, deshalb muss man stets auf das Haltbarkeitsdatum achten.

In den Legebatterien fallen die Eier auf ein Band. Dieses läuft zu einer Maschine, die die Eier nach Größe sortiert. Beschädigte Eier werden aussortiert.

Spiegelei: Es ist gar nicht so leicht, das Ei in die Pfanne zu geben, ohne dass das Eigelb zerläuft.

Omelett: Die Eier werden verquirlt, in die Pfanne gegossen und bei schwacher Hitze gegart.

Weich gekochtes Ei: Fünf Minuten im kochenden Wasser reichen, damit das Eiweiß steif wird.

FLEISCH

Zum Aufbau der Muskeln braucht der Körper Eiweiße: die Proteine.
Rotes und weißes Fleisch enthalten viele Proteine.

ROTES FLEISCH — Rind, Pferd, Schaf

WEISSES FLEISCH — Hahn, Kalb, Schwein, Kaninchen

DUNKLES FLEISCH — Reh, Wildschwein, Hase, Fasan

Rindfleisch enthält viel Eisen, deshalb ist es rot. Geflügelfleisch (z. B. Hähnchen) enthält weniger Eisen, deshalb ist es weiß. Das Fleisch des Wildes ist dunkel, weil das Blut der Tiere im Fleisch bleibt, wenn sie erlegt sind.

Die Zuchttiere werden in Schlachthöfen getötet. Die Schlachter müssen auf größte Sauberkeit bedacht sein, damit das Fleisch ohne Gefahr gegessen werden kann.

Nach dem Schlachten lässt man das Fleisch ausbluten, damit es einen besseren Geschmack erhält. Die Schlachter lösen die Haut der Tiere ab und schneiden alles heraus, was ungenießbar ist: den Magen, die Eingeweide und die Lunge. Die Fleischviertel werden in Kühlräumen bei einer Temperatur von 4 °C gelagert.

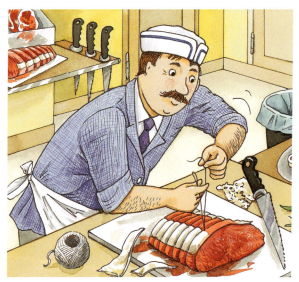

Der Metzger kauft große Fleischstücke.
Er löst die Knochen aus und schneidet kleinere Fleischstücke zu.
Die Braten, Schnitzel, Koteletts usw. verkauft er dann in seiner Metzgerei.

RIND

Das Rind ist das größte Schlachttier. Es kann mehr als 1000 kg wiegen. Aus Rindfleisch werden auch Hamburger gemacht.

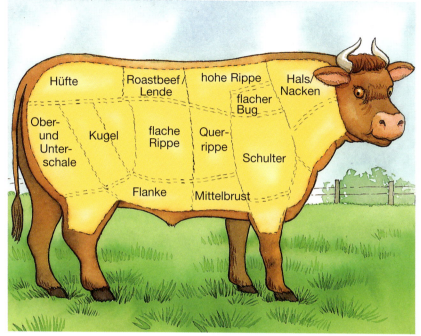

Das Roastbeef gehört zu den zartesten Teilen des Rinds. Aus dem Roastbeef werden verschiedene Steaks geschnitten, zum Beispiel Rumpsteaks.

Blutig, medium (halb durchgebraten) oder durchgebraten: Jeder kann sein Steak so braten, wie er es am liebsten isst. Eine Rindfleischsuppe muss man so lange kochen, bis das Fleisch gar ist.

KALB UND LAMM

Ein Kalb, das ausschließlich mit Milch ernährt wird, nennt man Milchmastkalb. Sein Fleisch ist weißlich bis blassrosa.

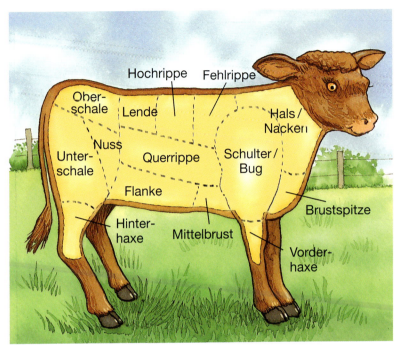

Die Fleischstücke vom Kalb sind die kleinere, zarte Ausgabe des Rindfleischs. Wenn du ein Kalbsschnitzel isst, stammt das Fleisch aus der Ober- oder Unterschale oder der Kalbsnuss.

Schaffleisch wird selten angeboten. Lammfleisch ist zarter und weniger intensiv im Geschmack.

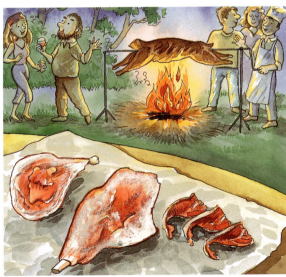

Ob als Keule, als Kotelett, am Spieß gebraten oder gegrillt: Lammfleisch wird gerne an Feiertagen gegessen.

SCHWEIN

Lange Zeit aßen die Menschen fast ausschließlich Schweinefleisch. Man kann nahezu alle Teile des Schweins essen.

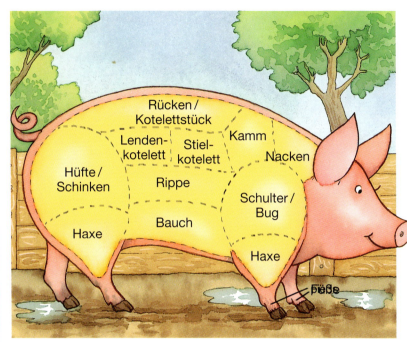

In der Metzgerei werden allerlei Produkte aus Schweinefleisch verkauft. Schon wenn wir den Laden betreten, macht der Duft der Würste und Schinken Appetit.

Zur Herstellung von **Schweinswürsten** (1) wird fein gehacktes Fleisch in eine Darmhaut gefüllt. Bei der **Blutwurst** (2) wird das vorgekochte Fleisch mit Schweineblut versetzt. **Terrinen** (3) werden oft mit Hackfleisch zubereitet.

FISCHE

Wenn die Fischer zum Fischfang aufs Meer hinausfahren, sind sie manchmal tage- oder wochenlang unterwegs.

Der Fischkutter zieht ein großes Netz, das so genannte Schleppnetz, hinter sich her. Nur kleine Fische entkommen durch die Maschen.

Beim Öffnen des Netzes fallen die Fische auf das Schiffsdeck. Die Fischer sortieren sie und legen sie in Kisten.

Die Fische werden versteigert. Die Fischhändler schreien laut, wenn sie welche kaufen wollen.

Nah an den Küsten gefangene Fische werden schon einige Stunden nach dem Fang verkauft. Im offenen Meer gefangene Fische müssen mit Eis frisch gehalten oder gleich tiefgefroren werden.

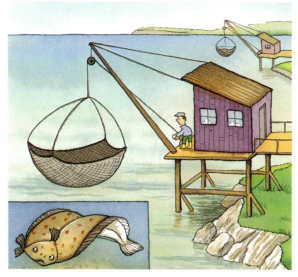
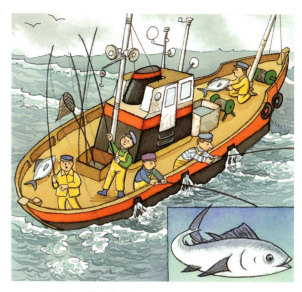

Mit einer Kurbel wird das Senknetz, mit dem man Plattfische fängt, hochgehoben.

Der Tunfisch ist ein kräftiger Fisch. Nur mit viel Kraft lässt er sich mit der Angelrute fangen.

An Bord der großen Fischereischiffe werden die Fische unmittelbar nach dem Fang weiterverarbeitet. Man legt sie in Kisten, die dann gewogen und in großen Kühlräumen gestapelt werden.

FISCHFARMEN

Einige Fischarten werden heutzutage nicht mehr nur im Meer, in Flüssen oder Seen gefangen, sondern in Fischfarmen gezüchtet.

Die kleinen Lachse schlüpfen aus ihren Eiern. Die Fischbrut wird zunächst in Kübeln mit Süßwasser gehalten. Dann setzen die Züchter sie in große Käfige ins Meer, wo sie mit Fischmehl gefüttert werden.

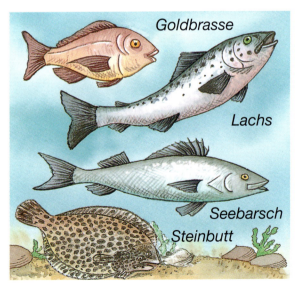

Goldbrasse, Lachs, Seebarsch und Steinbutt werden in Salzwasserbecken gezüchtet.

Barsch, Hecht, Forelle und Karpfen werden in Süßwasserbecken gezüchtet.

TIEFGEFRORENER FISCH

Der Fisch, den wir als Fertiggericht kaufen, wurde zuvor in Fabriken verarbeitet, die sich teilweise in weit entfernten Ländern befinden.

Die Fische werden in großen Kisten zur Fischfabrik geliefert. Arbeiter entfernen die Köpfe und schneiden Filets aus den Fischen. Zum Schutz ihrer Hände tragen die Arbeiter spezielle Handschuhe.

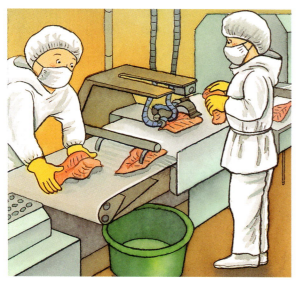

Nach dem Entgräten werden die Filets eingefroren und verpackt. Anschließend werden sie in Spezialbehältern weitertransportiert. Da es in den Arbeitsräumen sehr kalt sein muss, sind die Arbeiter warm angezogen.

MUSCHELN UND KRUSTENTIERE

Hummer und Krabben fängt man mit Reusen.
Austern und Muscheln werden auch gezüchtet.

Mit einem Schleppnetz aus Eisen sammelt man die Jakobsmuscheln auf dem Meeresgrund ein.

Mit einem Stück Fisch werden Hummer und Krabben in eine Reuse gelockt, aus der sie nicht mehr herauskommen.

An den Seilen, die um die Stämme der Muschelzäune gewickelt sind, haften tausende von Miesmuscheln.

Die jungen Austern wachsen zwei bis drei Jahre lang in diesen Säcken heran.

FRÜCHTE IN ALLEN FARBEN

Früchte sind vitaminreich, gleich, ob sie saftig oder trocken, süß oder sauer sind. Sie sind ideal als Nachtisch oder als Zwischenmahlzeit.

Kerne von Schalenobst (z. B. Walnuss) sind sehr fetthaltig; Fruchtfleisch von Kernobst (z. B. Apfel) und Steinobst (z. B. Pflaume) enthält Zucker.

Es gibt viele Früchte, die sehr schnell verderben. Hier sieht man, wie die Obstbauern sie anbauen und lagern, damit man sie nahezu das ganze Jahr über essen kann.

In den Obstplantagen deckt man die Apfelbäume mit einem Netz ab, das sie vor Vögeln und Hagel schützt. Die Äpfel werden ab September von Hand geerntet, damit sie keine Druckstellen bekommen.

Die Äpfel werden in Holzkisten in großen Kühlräumen gelagert. Innerhalb weniger Tage fällt die Temperatur auf 1 °C. Dadurch werden Insekten vernichtet. Äpfel können mehrere Monate lang aufbewahrt werden.

Bananen kommen mit dem Schiff aus Südamerika oder Afrika nach Europa. Damit sie die etwa zweiwöchige Reise unbeschadet überstehen, werden sie kurz vor der Reife noch grün gepflückt.

Die Bananenkisten werden in Kühlbehältern bei einer Temperatur von 14 °C transportiert. Nach der Ankunft in Europa werden sie für einige Tage zum Nachreifen zwischengelagert. Dann bietet man sie zum Verkauf an.

Die Haupterntezeit von Erdbeeren ist im Juni. Wir können sie jedoch fast das ganze Jahr über kaufen, weil sie im Flugzeug aus warmen Ländern gebracht oder in Gewächshäusern gezüchtet werden. Erdbeeren, die aus anderen Ländern zu uns kommen, sind allerdings meist stark mit Pestiziden belastet. Das sind Mittel zur Schädlingsbekämpfung.

MARMELADE, GELEE UND KONFITÜRE

Viele Früchte verderben sehr schnell. Die Zubereitung von Marmeladen, Gelees und Konfitüren ist eine Möglichkeit, Obst haltbar zu machen.

Das Obst wird zerkleinert, mit Gelierzucker gemischt und dann gekocht. Die heiße Fruchtmasse wird in Gläser gefüllt. Pektin, ein Stoff, der im Obst und im Gelierzucker enthalten ist, sorgt dafür, dass die anfangs flüssige Masse steif wird.

Ob Pflaumen, Erdbeeren, Aprikosen oder Orangen – selbst aus Rosen lässt sich Marmelade herstellen!

Zur Herstellung von Gelee werden die Früchte entsaftet, um alle Kerne zu entfernen.

HONIG

Bienen fliegen von Blüte zu Blüte und produzieren Honig.
Schon in der Antike wurde mit Honig gesüßt.

Mit ihren Rüsseln saugen die Honigbienen den süßen Nektar aus den Blüten und bringen ihn in den Bienenstock. Dort verwandeln die Arbeiterinnen den Nektar in Honig und lagern ihn in den Wabenzellen.

Der Imker sammelt den Honig. Er lässt den Bienen aber einen Teil, damit sie ihre Larven ernähren können.

Ob der Honig mild oder kräftig schmeckt, hängt von den Blüten ab, von denen der Nektar stammt.

ROHRZUCKER

Zucker liefert dem Körper Energie. Lange Zeit wurde er ausschließlich aus Zuckerrohr gewonnen.

Zuckerrohr wächst in feucht-heißen Ländern. In den reifen, kräftigen Halmen befindet sich das zuckerhaltige Mark. Die Halme werden von Hand oder maschinell abgeschnitten und umgehend zur Zuckerfabrik gebracht.

Die Halme werden zerkleinert. Aus dem Mark wird der Saft herausgepresst. Er wird erhitzt, gefiltert, um Verunreinigungen zu entfernen, und gekocht. Das Wasser verdampft und der Zucker kristallisiert.

RÜBENZUCKER

1747 erkannte ein deutscher Chemiker, dass der in der heimischen Runkelrübe enthaltene Zucker mit Rohrzucker identisch ist.

Durch langjährige Züchtungen wurde der Zuckergehalt der Rüben deutlich gesteigert. Ab Mitte September werden die Rüben geerntet. Die Bauern liefern die Rüben an die Zuckerfabrik.

Die Zuckerrüben werden sorgfältig gewaschen, um Erde, Steinchen und Blätterreste zu entfernen. Danach werden sie in Streifen, so genannte Schnitzel, geschnitten und in heißem Wasser gebrüht. Der Zucker löst sich und der Rohsaft entsteht.

Der zuckerhaltige Rohsaft wird gefiltert, um alle Verunreinigungen zu entfernen. In einem Dampfkessel wird der Zucker vom Wasser getrennt.

Durch die Hitze verdampft das Wasser. Der Saft wird steif. Jetzt werden die Zuckerkristalle herausgelöst und mit Heißluft getrocknet.

Die Zuckerstücke werden geformt und anschließend verpackt.

Puderzucker ist sehr viel feiner als normaler Kristallzucker.

BONBONS UND KAUGUMMI

Zur Herstellung von Bonbons wird der Zucker gekocht. Süßigkeiten schmecken gut, aber sie sind schlecht für die Zähne.

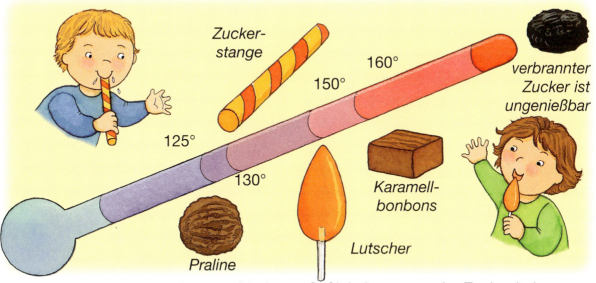

Zur Herstellung der verschiedenen Süßigkeiten muss der Zucker bei unterschiedlich hohen Temperaturen gekocht werden. Es gibt ganz verschiedene Süßigkeiten: Lutscher mit Fruchtgeschmack, Pralinen mit Mandeln …

Vor 2000 Jahren kauten in Mexiko die Indios schon den getrockneten Saft des Sapotillbaums. Vor 150 Jahren mischte dann ein amerikanischer Konditor diese Masse mit Zucker und erfand damit den Kaugummi.

ÖLE

Zur Gewinnung dieses dickflüssigen Saftes werden Früchte, Samen oder Kerne ausgepresst, zum Beispiel Oliven oder Sonnenblumenkerne.

Damit die Oliven keine Druckstellen bekommen, erntet man sie von Hand. Für 1 l Olivenöl braucht man 5 kg Oliven! Die Oliven werden gereinigt und danach zerkleinert. Sie werden mitsamt der Kerne zermahlen.

Der daraus entstehende Brei, die so genannte Maische, wird gepresst. Die auslaufende Flüssigkeit enthält Öl und Wasser. Eine Zentrifuge trennt das Öl vom Wasser. Das Öl wird in Flaschen abgefüllt.

Öl ist eines der fetthaltigsten Nahrungsmittel. Daher sollten wir sparsam damit umgehen. Vorsicht: Pommes frites und Mayonnaise enthalten besonders viel Fett.

Öl kann aus ganz unterschiedlichen Kernen gewonnen werden: Erdnüssen, Sonnenblumenkernen, Sojabohnen, Maiskörnern, Nüssen, Traubenkernen…

Öl wird in der Küche vielfältig verwendet. Man erhitzt es, um Pommes zu frittieren oder Fleisch zu braten. Zum Würzen von Salat wird es mit einer Essigsoße vermischt. Verquirlt man Öl mit Ei und Senf, entsteht daraus Mayonnaise.

PFEFFER, GEWÜRZE UND KRÄUTER

Alle diese Pflanzen geben den Nahrungsmitteln Geschmack. Gewürze helfen außerdem bei der Verdauung, weil sie den Speichelfluss anregen.

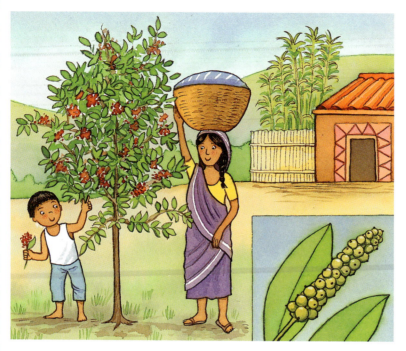

Pfeffer ist die Frucht des Pfefferstrauchs, der in feucht-heißen Ländern wächst. Zur Gewinnung des sehr scharfen schwarzen Pfeffers werden die jungen Früchte in der Sonne getrocknet. Der Pfeffer wird gemahlen oder als ganzes Korn verwendet.

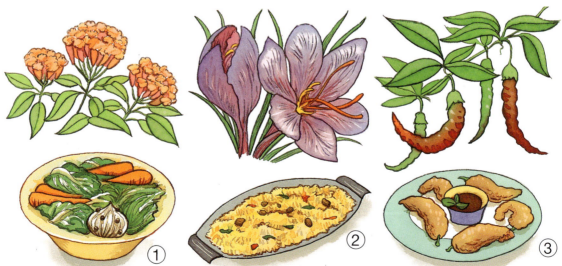

Gewürznelken (1) sind die getrockneten Blütenknospen des Gewürznelkenbaums. Die Narbenfäden des **Safran**krokus werden oft als Pulver verkauft (2). Am schärfsten ist die rote **Peperoni** (3).

Zimt schmeckt süß, Ingwer dagegen eher ein bisschen nach Pfeffer. Beide Gewürze braucht man zur Herstellung von Pfefferkuchen. Gemahlene Vanille wird in Eis, Kuchen und Jogurt verwendet.

Die Chinesen essen in Zucker eingelegte Ingwerwurzel zum Nachtisch. Zimt wird aus der getrockneten Rinde des Zimtbaums gewonnen. Die Vanilleschote ist die Fruchtkapsel einer Kletterorchidee.

Frisch oder getrocknet würzen Kräuter Speisen und Soßen. Früher wurden Kräuter als Medikamente verwendet und auch heute noch nutzt man die heilende Wirkung vieler Kräuter.

SALZ

Salz ist lebenswichtig, da es den unverzichtbaren Mineralstoff Natrium erhält. Wir müssen täglich einige Gramm Salz zu uns nehmen.

Um aus Meerwasser Salz zu gewinnen, wird es in flache Becken (Salzpfannen) geleitet. Sonne und Wind lassen das Wasser verdunsten – das Salz bleibt zurück.

Mit großen Holzrechen wird die Salzkruste zusammengeschoben.

Mit Schubkarren wird es dann zur Lagerung weitertransportiert.

Im Laufe der Erdgeschichte wurden Salzschichten im Boden eingeschlossen. In Salzbergwerken wird dieses so genannte Steinsalz abgebaut, in Berchtesgaden zum Beispiel schon seit fast 500 Jahren.

In einigen sehr trockenen Ländern bilden sich Salzkrusten auf der Oberfläche ausgetrockneter Seen.

Steinsalz ist viel reiner als das Meersalz. Es wird mit Pickeln oder mittels Sprengungen abgebaut.

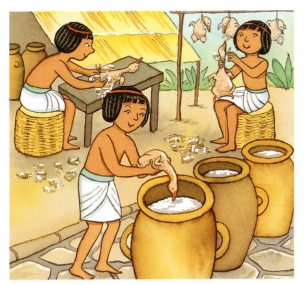

Bereits vor mehr als 4000 Jahren benutzten die Ägypter Salz zum Konservieren von Entenfleisch.

Im Mittelalter war Salz sehr wertvoll. Der Handel mit Salz wurde deshalb streng überwacht.

SCHOKOLADE

Schokolade wird aus den Samen des Kakaobaums hergestellt, den Kakaobohnen. Der Kakaobaum wächst in tropischen Ländern.

Zweimal im Jahr entwickelt sich aus den Blüten, die am Stamm und den Ästen wachsen, eine Frucht: die Kakaoschote. Die reifen Schoten werden geerntet und anschließend geöffnet. In ihnen befinden sich 30 bis 50 Kakaobohnen.

Die Kakaobohnen gären dann mehrere Tage unter Bananenblättern. Während die Bohnen in der Sonne trocknen, färben sie sich allmählich braun und entwickeln das endgültige Kakaoaroma.

In der Schokoladenfabrik werden die Kakaobohnen zunächst gründlich gereinigt. Dann werden sie geröstet, damit sich der feine Geschmack entfalten kann.

Anschließend werden die Kakaobohnen gemahlen und mit anderen Zutaten vermischt.

Diese Masse wird ein bis zwei Tage lang in so genannten Conchen erhitzt und durchgerührt.

Wenn die Masse abgekühlt ist, kann man Rosinen, Haselnüsse u.a. hinzufügen. Dann wird sie in Formen gegossen. Die fertigen Schokoladentafeln werden zum Schutz vor Feuchtigkeit in Aluminiumpapier eingewickelt.

TEE

Tee stammt aus China, wo er seit mehr als 4000 Jahren getrunken wird.
Er schmeckt heiß oder kalt, naturbelassen oder aromatisiert.

Der Teestrauch wächst in feucht-heißen Ländern, vorwiegend in Asien.
Nur die jungen und zarten Blätter werden gepflückt.
Sie werden dann für einige Stunden zum Trocknen ausgelegt.

Die Blätter werden gerollt und dann in einen feucht-heißen Raum gebracht. Dort beginnen sie zu gären. Innerhalb einiger Stunden färben sie sich schwarz und nehmen ihren typischen Geschmack an. Die schlechten Blätter werden aussortiert.

Um eine Tasse Tee zuzubereiten, übergießen wir die Teeblätter mit heißem Wasser und lassen sie einige Minuten ziehen. Innerhalb weniger Minuten nimmt das Wasser den Geschmack der Blätter an.

Lose Teeblätter werden mit einem Teesieb gefiltert. Ein Teebeutel kann ganz einfach aus dem Wasser gezogen werden. An heißen Tagen ist kalter Tee sehr erfrischend. Man kann ihn auch als Eistee trinken.

Der Geschmacksreichtum beim Tee kennt keine Grenzen: Jasmin, Bergamotte, Vanille, Orange, Zitrone usw. In den nordafrikanischen Ländern wird er mit frischer Minze gemischt. In Tibet wird Salz und Yakbutter zugesetzt.

KAFFEE

Dieses leicht bittere Getränk wird aus den Samen des Kaffeestrauchs, den Kaffeebohnen, gewonnen. Kaffee wirkt anregend.

Der Kaffeestrauch gedeiht in heißen Ländern. Seine Früchte sehen aus wie Kirschen und enthalten ein oder zwei grüne Bohnen. Wenn sie rot sind, werden die Früchte geerntet. Dies ist sehr mühsam, denn nicht alle Früchte sind zur gleichen Zeit reif.

Nach der Ernte werden die Früchte in der Sonne ausgebreitet und ständig gewendet, damit sie schneller trocknen. Die Käufer überprüfen die Qualität der Bohnen, die in Säcke verpackt und per Schiff transportiert werden.

Das typische Kaffeearoma entsteht erst durch das Rösten. Dabei werden die Kaffeebohnen Temperaturen von über 200 °C ausgesetzt. Die grünlichen Kaffeebohnen färben sich während des Röstens braun.

Die Bohnen werden in einer Drehtrommel bei einer Temperatur von mehr als 200 °C geröstet. Danach werden sie rasch abgekühlt. Anschließend werden sie gemahlen und vakuumverpackt, damit der Kaffee länger haltbar bleibt.

Kaffee enthält Koffein, das anregend wirkt. Wer ihn spät am Nachmittag trinkt, kann abends vielleicht nicht einschlafen. Bei entkoffeiniertem Kaffee wurden die Bohnen in heißem Wasser gewaschen, um das Koffein herauszulösen.

WASSER

Das Wasser, das wir trinken, mit dem wir uns waschen oder die Pflanzen gießen, stammt entweder aus dem Boden oder aus den Flüssen.

Durch Sonne und Wind verdunstet ein Teil des Wassers in den Ozeanen und bildet Wolken, die der Wind zum Land treibt. Als Regen, Hagel oder Schnee fällt das Wasser zur Erde. Ein Teil davon sickert in den Boden und sammelt sich dort an.

Das hochgepumpte Grundwasser muss in einer Aufbereitungsanlage (1) gereinigt werden. Danach wird es in einem Wasserturm (2) zwischengelagert. Kilometerlange Leitungen führen zu den Häusern.

Das verbrauchte Wasser aus unseren Spülen, Toiletten und Bädern wird in der Kläranlage (3) gereinigt, bevor es in die Flüsse geleitet wird. Über die Flüsse gelangt es wieder ins Meer.

Mineralwasser stammt aus sehr sauberen Quellen. Wir können es trinken, ohne dass es vorher behandelt werden musste. Einige Mineralwasser enthalten Kohlensäure, die in Form von Blasen entweicht.

Das Wasser wird mit leistungsfähigen Pumpen an die Erdoberfläche gepumpt. Das Mineralwasser wird dann sofort in Flaschen abgefüllt.

Einige Mineralwasser sprudeln, da sie von Natur aus oder durch Zusätze Kohlensäure enthalten.

Bestimmte Wasserquellen enthalten Substanzen, die bei Leber-, Nieren- oder Hautkrankheiten helfen.

WEIN

Wein wird aus Weintrauben erzeugt und enthält Alkohol. Deshalb dürfen nur Erwachsene Wein trinken – und auch nur in Maßen.

Wenn im Herbst die Weintrauben reif sind, beginnt die Weinlese. Für die einfachen Weine werden die Trauben maschinell geerntet, für die wertvolleren Weine erntet man die Trauben von Hand.

Je nach Traubensorte und Verarbeitung entstehen Rotwein, Weißwein oder Rosé. Bei der Sekt- und Champagnerherstellung werden dem Weißwein Hefe und Zucker zugesetzt, der sich in prickelnde Kohlensäureblasen verwandelt.

Die Weintrauben werden in eine Maschine gefüllt, in der die Stängel aussortiert und die Kerne zerkleinert werden. Der so erhaltene Most gärt dann mehrere Wochen lang in einem Fass.

In den Fässern verwandeln Kleinstorganismen in der Haut der Trauben den Zucker in Alkohol. Aus dem Traubensaft wird Wein. Ein Jahr später füllt man den Wein in Flaschen ab.

Die mit einem Korken verschlossenen Flaschen werden im Weinkeller gelagert, in dem ständig eine Temperatur von etwa 14 °C herrscht. Vor Licht geschützt, reift der Wein nun mehrere Jahre lang. Regelmäßig kostet der Winzer den Wein, um die Qualität zu überprüfen.

GESUNDE ERNÄHRUNG

WARUM MÜSSEN WIR ESSEN?

Wie Tiere und Pflanzen müssen auch die Menschen Nahrung und Flüssigkeit zu sich nehmen, um zu leben.

Beim Gehen, Laufen, Springen und Spielen verbrauchen die Muskeln ständig Energie. Deshalb müssen wir mehrmals am Tag etwas essen, um dem Körper die verbrauchte Energie zurückzugeben.

Ständig schlägt unser Herz, atmen wir ein und aus, verdaut der Magen unsere Nahrung, arbeitet unser Gehirn usw. Damit alle Organe funktionieren, müssen wir essen und trinken.

Essen ist notwendig, um zu wachsen und um auch als Erwachsener gesund zu bleiben. Essen ist auch wichtig, um den Körper vor Krankheiten zu schützen.

Während der Kindheit und Jugend verändert sich der Körper. Die Knochen wachsen und die Muskeln werden kräftiger. Der Körper findet in der Nahrung all das, was er für seine Entwicklung braucht.

Die Nahrung hilft dem Körper, sich gegen Krankheiten wie zum Beispiel einen Schnupfen zu wehren.

In der Nahrung findet der Körper auch die Substanzen zur Heilung von Wunden.

Sobald der Körper die letzte Mahlzeit verdaut hat, fordert er wieder neue Nahrung und wir bekommen Hunger.

Es ist bald Mittag. Alle gähnen und fühlen sich ein wenig müde, da kaum noch Energie im Körper ist. Der leere Magen knurrt. Zeit zum Mittagessen!

Wir essen oft auch nur aus purem Genuss. Wir haben dann keinen richtigen Hunger, aber große Lust auf etwas, was wir gerne mögen. Das macht zwar Spaß, aber wir sollten es damit nicht übertreiben!

WARUM MÜSSEN WIR TRINKEN?

Wir kommen zwar einige Tage aus ohne zu essen, aber nicht ohne zu trinken. Ohne Wasser trocknet unser Körper aus.

Überall im Körper ist Wasser enthalten: in der Haut, in den Muskeln, in den Knochen. Doch wir schwitzen, weinen manchmal und gehen zur Toilette. Also verlieren wir Wasser, das ersetzt werden muss.

Obwohl fast alle Nahrungsmittel auch Wasser enthalten, sollten wir am Tag etwa acht Gläser Wasser trinken.

Im Sommer sollten wir ganz oft kleine Schlucke trinken. Damit verhindern wir, dass die Körpertemperatur steigt.

NAHRUNGSMITTEL, DIE ZUM WACHSEN NÖTIG SIND

Wir benötigen Proteine – das sind Eiweiße, die den Knochen, den Muskeln und der Haut beim Wachstum helfen.

Zahlreiche Nahrungsmittel enthalten Proteine. Fleisch, Fisch, Eier, Milch und Hülsenfrüchte sind sehr proteinhaltig. Deshalb sollten wir mindestens eines dieser Nahrungsmittel zu jeder Mahlzeit zu uns nehmen.

Auf der ganzen Welt, insbesondere in Afrika, leiden Millionen von Menschen an Proteinmangel. Deshalb haben dort viele Kinder Wachstumsstörungen und viele Erwachsene Schwierigkeiten, sich aufrecht zu halten und zu gehen.

NAHRUNGSMITTEL, DIE ENERGIE LIEFERN

Fette und Zucker sind Energielieferanten. Sie sind notwendig, damit die Muskeln und Organe arbeiten und der Körper seine Temperatur hält.

Zucker findet sich außer im Zucker selbst auch in Brot, Nudeln, frischem Obst, Honig usw. Fette sind unter anderem in Fleisch, Öl, Milchprodukten und Trockenfrüchten enthalten.

Im Winter, wenn es kalt ist, verbraucht der Körper mehr Kalorien, um seine Temperatur zu halten.

Im Sommer dagegen brauchen wir eine weniger fett- und zuckerhaltige Nahrung.

KALORIEN

Kalorien sind in Fetten, Zucker und Proteinen enthalten.
Aber nicht alle Lebensmittel liefern die gleiche Menge an Kalorien.

So viele Kalorien sind in jeweils 100 g dieser Lebensmittel enthalten.

Wenn wir mehr Zucker und Fette essen als wir verbrauchen, legt der Körper Fettreserven an und wir werden dick. Essen wir dagegen zu wenig, geschieht genau das Gegenteil: Unser Körper zehrt von seinen Reserven. Wir magern ab und werden immer schwächer.

VITAMINE

Vitamine kommen vor allem in rohem Gemüse und in frischem Obst vor. Sie sorgen dafür, dass unser Körper gut funktioniert.

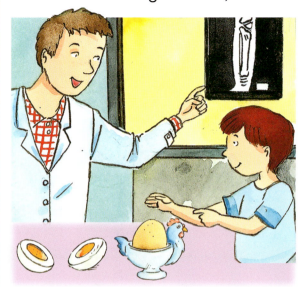

Ganz wichtig für Kinder ist das Vitamin D in den Eiern. Es macht die Knochen stabil.

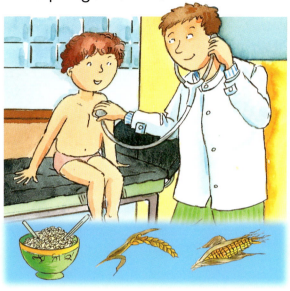

Das Vitamin B in Reis, Weizen, Mais und anderen Getreidesorten ist wichtig für ein gesundes Herz.

Das Vitamin A in Karotten, Mais und Äpfeln sorgt für eine schöne Haut.

Das Vitamin E in Salat, Öl und Erdnüssen schützt vor Krankheiten.

Vitamin C hilft dem Körper auf verschiedene Weise. Vor allem macht es uns widerstandsfähig. Da der Körper es nicht speichern kann, müssen wir jeden Tag etwas davon zu uns nehmen.

Orangen und andere Zitrusfrüchte (Mandarinen, Klementinen, Pampelmusen, Zitronen) enthalten viel Vitamin C. Diese Früchte essen wir hauptsächlich im Winter. Sie sorgen dafür, dass wir gut in Form bleiben und helfen bei Erkältungen.

Frisches Gemüse und Obst fehlten auf den ersten langen Schiffsexpeditionen, die vor mehreren hundert Jahren unternommen wurden. Die Seeleute hatten bald Vitamin-C-Mangel und erkrankten an Skorbut: Sie verloren ihre Zähne, wurden immer schwächer und starben schließlich.

MINERALSTOFFE

Kalzium für die Knochen, Eisen für das Blut, Fluor für die Zähne: All diese mikroskopisch winzigen Stoffe spielen eine sehr wichtige Rolle.

Milchprodukte liefern uns Kalzium und Phosphor. Beide Mineralstoffe machen unsere Knochen stark.

Rotes Fleisch, einige Gemüsesorten und Hülsenfrüchte enthalten Eisen, das für die Blutbildung wichtig ist.

Das Magnesium in der Schokolade, im Brot und in Trockenfrüchten liefert uns viel Energie.

Fluor kräftigt die Zähne. Es ist in einigen Mineralwassern enthalten.

VERDAUUNG

Unser Körper kann die Nahrung, so wie sie ist, nicht verwerten. Deshalb muss er sie umwandeln. Dieser Vorgang heißt Verdauung.

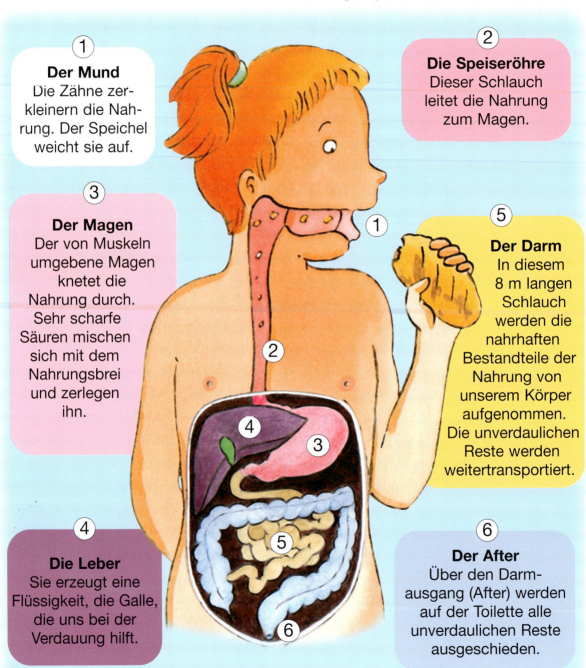

① **Der Mund**
Die Zähne zerkleinern die Nahrung. Der Speichel weicht sie auf.

② **Die Speiseröhre**
Dieser Schlauch leitet die Nahrung zum Magen.

③ **Der Magen**
Der von Muskeln umgebene Magen knetet die Nahrung durch. Sehr scharfe Säuren mischen sich mit dem Nahrungsbrei und zerlegen ihn.

⑤ **Der Darm**
In diesem 8 m langen Schlauch werden die nahrhaften Bestandteile der Nahrung von unserem Körper aufgenommen. Die unverdaulichen Reste werden weitertransportiert.

④ **Die Leber**
Sie erzeugt eine Flüssigkeit, die Galle, die uns bei der Verdauung hilft.

⑥ **Der After**
Über den Darmausgang (After) werden auf der Toilette alle unverdaulichen Reste ausgeschieden.

Zur Verdauung der Nahrung braucht der Magen viel Energie. Daher solltest du dich nach dem Essen ein wenig ausruhen. Hier findest du einige Regeln, die deine Verdauung erleichtern.

Du solltest die Nahrung immer gut durchkauen. Dann können die Bissen leichter durch die Speiseröhre rutschen.

Iss nicht zu gierig und zu schnell! Sonst macht dein Magen Probleme und du musst dich übergeben.

Es ist besser, zu festen Tageszeiten zu essen als ständig zu naschen. So kann der Magen sich einmal ausruhen.

Mais und grüne Bohnen enthalten Fasern, die dem Darm dabei helfen die unverdaulichen Stoffe auszuscheiden.

GESUNDE ERNÄHRUNG

Sich gesund zu ernähren bedeutet zunächst einmal, die Energiemenge aufzunehmen, die der Körper braucht.

Solange wir jung sind, verbrauchen wir viele Kalorien. Der Körper wächst und benötigt enorme Mengen an Energie. Daher müssen wir von allem genug essen, um uns normal entwickeln zu können.

Erwachsene, die viel im Sitzen arbeiten, verbrauchen wesentlich weniger Energie als ein Sportler. Wer sich viel bewegt, sollte besonders Nudeln essen, die sehr viel Energie liefern.

Proteine, Zucker, Fette, Vitamine: Diese Nahrungsbestandteile sollten jeden Tag in unserem Essen enthalten sein. Hier ein paar Tipps, wie man gesunde und abwechslungsreiche Mahlzeiten zusammenstellt:

Nahrungsmittel nach Wahl möglichst zu jeder Mahlzeit:

Milch,
Jogurt oder
Käse;
Obst oder
Gemüse

Nahrungsmittel nach Wahl möglichst einmal am Tag:

ein Stück Fleisch, Fisch oder ein Ei;
Getreideprodukte,
Kartoffeln, Teigwaren oder Reis

Nahrungsmittel, die wir nur in kleinen Mengen essen sollten:

Butter, Öl und alles andere, was du hier siehst, solltest du nur gelegentlich essen.

Ganz oben siehst du die Nahrungsmittel, die zu jeder Mahlzeit gehören sollten; in der Mitte diejenigen, die nur einmal täglich gegessen werden sollten und darunter solche, die man besser nur ab und zu isst.

VIER MAHLZEITEN AM TAG

Am Tag sollten wir vier Mahlzeiten zu uns nehmen.
Hier ein paar Vorschläge, wie du sie zusammenstellen kannst:

Am Morgen nach dem Aufwachen ist der Magen leer. Bevor wir zur Schule oder zur Arbeit gehen, müssen wir erst einmal zu Kräften kommen. Deshalb sollten wir uns die Zeit für ein Frühstück nehmen, das aus Milch oder Jogurt, Brot oder Müsli, Obst oder Fruchtsaft besteht.

Mittags sollten wir vor allem Proteine (Fleisch, Fisch oder Eier) mit Gemüse zu uns nehmen. Hier drei Menüvorschläge:
- Rohkost – Eier – Erbsen – Quarkspeise
- Karottensalat – Fisch – Reis – Apfel
- Radieschen – Fleisch – Gemüseplatte – Jogurt

Du solltest zu jeder Mahlzeit etwas trinken, am besten Wasser. Wenn du lieber Fruchtsaft magst, solltest du dir auch mal eine Apfelsine oder eine Pampelmuse auspressen und nicht zu viel Zucker beigeben.

Nachmittags nimmt man eher eine Zwischenmahlzeit zu sich, um die Zeit bis zum Abendessen zu überbrücken. Es ist besser, ein Stück Käse oder Obst zu essen als Kuchen oder Süßigkeiten.

Abends, kurz vor dem Zu-Bett-Gehen, solltest du nicht mehr allzu reichhaltig essen, weil der Körper in der Nacht nicht besonders aktiv ist. Im Gegenteil: Wenn wir abends zu viel essen, können wir nicht gut schlafen. Eine Gemüsesuppe, ein Reiskuchen oder Obst sind deshalb ideal für das Abendessen.

HYGIENE

Vor und nach den Mahlzeiten sollten wir einige Hygieneregeln beachten. Hier sind die wichtigsten:

Obst und Gemüse müssen vor dem Essen gründlich gewaschen werden. So werden Erde, Staub, kleine Insekten und Reste von Dünge- oder Schädlingsbekämpfungsmitteln entfernt.

Einige Lebensmittel werden beim Essen mit den Händen berührt. Deshalb gilt: Vor dem Essen die Hände waschen!

Nach dem Essen heißt es Zähne putzen, weil die kleinen Speisereste Karies verursachen.

Einige Lebensmittel verderben ziemlich schnell.
Deshalb müssen sie rasch verbraucht werden, weil sie sonst
Bauchschmerzen verursachen können.

Achte immer auf das Haltbarkeitsdatum von Lebensmitteln.

Fisch muss frisch gekauft und am selben Tag gegessen werden.

Im Kühlschrank werden leicht verderbliche Lebensmittel wie Fleisch und Fisch in die oberen Fächer gelegt. Gemüse wird geputzt und mit dem Obst in die Gemüseschalen geräumt.

DIE ENTDECKUNG DES GESCHMACKS

Ob du Muscheln oder Kürbiskonfitüre magst, hängt auch davon ab, ob du sie schon als kleines Kind gegessen hast.

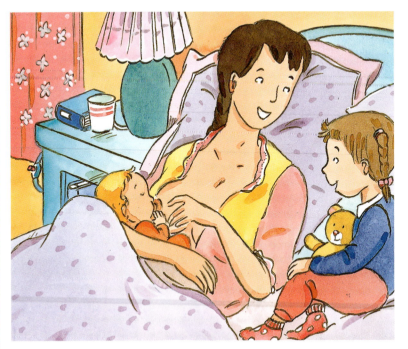

Säuglinge bekommen in den ersten Monaten nur eine Nahrung: Muttermilch oder Spezialmilch. Sie kennen sonst noch keine Lebensmittel, mögen jedoch bereits Zuckerhaltiges. Süßes löst den Saugreflex bei ihnen aus. Dagegen verabscheuen sie alles Bittere.

Später fangen die Säuglinge an, feste Nahrung zu sich zu nehmen. Ihre Mutter lässt sie nach und nach den Geschmack von Eiern, Fleisch, Fisch und Gemüse entdecken – als Brei, denn Säuglinge haben noch keine Zähne zum Kauen.

Es ist spannend, wenn wir bei Freunden oder im Restaurant neue Gerichte und damit auch neue Geschmacksrichtungen entdecken können. Auf jeden Fall sollten wir alles probieren.

Leons Großeltern wohnen am Meer. Bei ihnen hat Leon gelernt, wie man Austern isst.

Im chinesischen Restaurant hat Rebecca entdeckt, wie gut Frühlingsrollen schmecken.

Sandra wollte den Spargel zuerst nicht essen. Aber als Stefan davon isst, probiert sie ihn schließlich auch.

Wenn man älter wird, verändert sich oft der Geschmack. Man isst Lebensmittel, die man vorher nicht mochte.

DER GESCHMACK VERSCHIEDENER NAHRUNGSMITTEL

Nahrungsmittel wirken zunächst auf Zunge und Nase. Aber auch die Augen helfen dabei, Geruch und Geschmack zu erkennen.

Jeder Teil der Zunge ist für einen besonderen Geschmack zuständig. In der Zungenmitte können wir keinerlei Geschmack erkennen.

salzig
Käse
Wurstwaren

sauer
Zitrone
Gewürzgurken
Essig

Sobald die Nahrung im Mund ist, wird sie vom Speichel aufgeweicht. Über die Zunge, die mit kleinen Erhebungen, den Papillen, bedeckt ist, erkennen wir ihren Geschmack: süß, salzig, sauer oder bitter.

süß
Obst
Eis
Bonbons

bitter
Chicorée
Pampelmuse
Zwiebeln

Nicht nur die Zunge verrät uns den Geschmack. Winzige Härchen in der Nase vermitteln uns, wie unser Essen riecht. Deshalb haben wir bei einer Erkältung den Eindruck, das Essen würde nach nichts schmecken.

Ein kleines Experiment: Halte dir die Nase zu. Du wirst merken, dass ein Geschmack schwerer zu erkennen ist.

Deine Nase kann dir aber auch eine Falle stellen: Einige Käse riechen sehr stark, schmecken aber sehr mild.

Es ist schwierig, Lebensmittel allein am Geruch zu erkennen. Das Sehen spielt beim Essen eine große Rolle.

Unser Gehirn registriert Geschmäcke und Gerüche. Wir erinnern uns an das, was wir früher gemocht haben oder nicht.

VORBEREITEN EINER MAHLZEIT

Heute gibt es keine Tiefkühlkost. Wir nehmen uns Zeit und kaufen auf dem Markt frische Lebensmittel für unser Mittagessen.

Die Bauern bieten Obst und Gemüse aus eigenem Anbau an.
Der Fischhändler verkauft frische Fische. Butter und Landkäse riechen sehr gut.
Da bekommt man schon richtig Appetit!

Am Küchentisch schält Mama die Kartoffeln.
Felix wäscht sorgfältig die Salatblätter. Lisa hilft Papa den Braten vorzubereiten.
Gemeinsam stellen sie ihn in den Backofen.

Oma kommt zum Mittagessen. Die Familie isst im Esszimmer. Der Tisch wird schön gedeckt. Lisa und Felix legen die Teller und das Besteck hin und holen die Gläser. Danach falten sie die Servietten.

Die Gabel liegt links vom Teller, das Messer rechts.

Das große Glas ist für das Wasser, das kleinere für den Wein.

Um den Tisch besonders schön zu decken, können die Servietten hübsch gefaltet und auf den Teller gelegt oder in die Gläser gesteckt werden. Einige Blumen in der Tischmitte sorgen für Farbe.

GEMEINSAM ESSEN

Es ist schön, wenn sich die ganze Familie zum Essen einfindet.
Dabei kann jeder erzählen, was er den Tag über getan hat.

In der Woche wird in der Küche gegessen. Jeder hat seine Gewohnheiten: Anna sitzt neben Papa, Max neben Mama. Julian ist noch so klein, dass er im Kinderstuhl sitzt. Alle haben sich vor dem Essen die Hände gewaschen.

Max nimmt eine Serviette, um sich nicht zu bekleckern.
Außer trockenem Brot isst man alles mit Messer und Gabel.

Während der Mahlzeit sollte nicht ferngesehen werden. Man darf nicht mit vollem Mund reden, sonst kleckert man und niemand versteht, was man sagt.

An Sonn- und Feiertagen wird im Esszimmer gegessen. Dann wird meist etwas Besonderes gekocht. Heute ist Annas Geburtstag. Es gibt eine Fleischpastete. Die Kinder probieren sie zum ersten Mal. Max mag sie nicht besonders. Doch Anna möchte noch mehr davon haben.

Anna hat auch zum ersten Mal Brokkoli probiert. Er schmeckt ihr sogar ganz gut.

Max sollte nicht mit vollem Mund reden – so versteht ihn keiner!

WAS WEISST DU ÜBER DIE ERNÄHRUNG?

Nachdem du einiges über Lebensmittel gelernt hast, kannst du sicher die folgenden Fragen beantworten:

1 Zur Unterstützung der Darmtätigkeit isst man Lebensmittel, die Folgendes enthalten:
- Vitamine
- Fasern
- Kupfer

2 Wie werden die kleinen Erhebungen auf der Zunge genannt, mit denen du den Geschmack der Nahrung erkennst?
- Papillen
- Alpillen
- Pupillen

3 Wieviel Gläser Wasser sollten wir jeden Tag trinken?
- 4 Gläser
- 8 Gläser
- 16 Gläser

4 Welcher Mineralstoff ist in Milchprodukten enthalten?
- Kalzium
- Fluor
- Magnesium

5 Welches der drei folgenden Lebensmittel hat am wenigsten Kalorien?
- Banane
- Hamburger
- Tomate

6 Derjenige, der die Krankheit Skorbut hat, verliert
- seine Ohren
- seine Zähne
- seine Haare

Auflösung: 1 – Fasern 2 – Papillen 3 – 8 Gläser 4 – Kalzium 5 – Tomate 6 – seine Zähne